LEO

YOU ARE TRULY SPECIAL.

君は誰よりも特別

獅子座の君へ贈る言葉

鏡リュウジ
Ryuji Kagami

JN073878

sanctuary books

自分では気づいているだろうか？
あなたは周囲にとって、
無視できない存在であることに。

群れない。媚びない。
他の星には真似できない、
想像することすらできない、
独特な人生を描き出す、強い力。

仕事、遊び、恋、友情、旅……。
どこで何をしようとも、
あなたは、あなただけの物語を紡ぎ出す。
あなたが舞台に立てば、
新しい化学反応が起こって、
驚きの結末を迎えることになる。

「自分らしさとは何か？」
なんて思い悩む必要はない。
獅子座は、ただ行動を起こせばいい。
行動を起こすたびに、周囲の反応が
「あなたらしさ」を教えてくれるから。

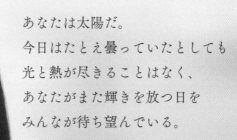

あなたは太陽だ。
今日はたとえ曇っていたとしても
光と熱が尽きることはなく、
あなたがまた輝きを放つ日を
みんなが待ち望んでいる。

好きなことに夢中になるあなた。
夢中になっているあなたから、
エネルギーを受け取るみんな。
そんな幸せな関係を、
あっさり築くことができるのが
獅子座のすごいところ。

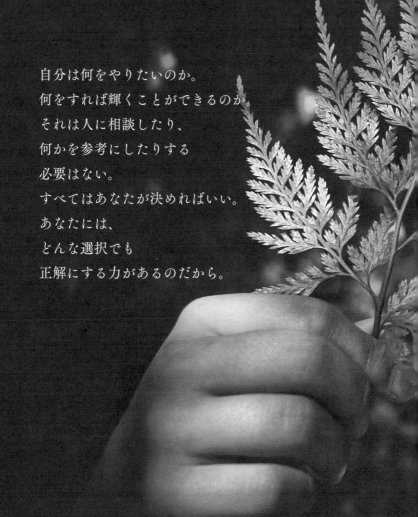

自分は何をやりたいのか。
何をすれば輝くことができるのか。
それは人に相談したり、
何かを参考にしたりする
必要はない。
すべてはあなたが決めればいい。
あなたには、
どんな選択でも
正解にする力があるのだから。

獅子座が特別なのは、
一人ひとり、自分にしか出せない色があるということ。
「みんなと同じ」
というだけでは満たされないし
安心することもできない。
自分にしか描けない夢、
自分にしか経験できない恋、
自分にしかつくり出せないブーム、
などを想像するたびに、毎日が輝いていくんだ。

素晴らしい獅子座の人生を
さらに輝かせる「冒険」と「出会い」のために、
35のヒントとメッセージを贈ります。

獅子座のあなたが、

もっと自由に
もっと自分らしく生きるために。

CONTENTS

LEO

CHAPTER 1

本当の自分に
気づくために

【夢／目標／やる気】

あなたの夢は何か？
やりたいことが見つからないときは？
あなたの心を動かすものは何か？
獅子座のあなたが、
向かうべき方向はどこだ。

LEO

1

自分が
「スペシャル」な
存在であることに
気づく

人は誰しも、一人ひとりがみんな特別な存在だ。でも、獅子座の「特別」はそういうレベルじゃない。一般的にいわれる個性を超えた特別な輝きが獅子座にはある。

　どこにいてもあなたのいるところが中心になり、みんながあなたの魅力に惹きつけられる。それはまさに、獅子座を表す象徴として語られる「王様」のスペシャル感——。

　あなた自身はそのことに気づいていないかもしれない。これといった取り柄のない平凡な人間だと思い込んでいるかもしれない。

　でも、獅子座のなかには必ず、オリジナルな輝きを放つ「スペシャル」がある。

　ただし、それは自分の内側を見つめても、見つけられない。獅子座がその「スペシャル」を見つけるには、外に向かって自分を表現する機会を持つ必要がある。

　好きなこと、思いついたこと、気になったこと、なんでもいい。言葉、アート、音楽、スポーツ、ビジネス、家事、どんな方法でもいい。自分の世界観や好きなものをどんどん表現していく。

　そうすれば、あなたの存在に魅了される人、感動する人、あなたのファンが現れて、世界が広がっていく。

　すぐにはそうならなかったとしても、なんらかの手応えはきっと感じられる。この先に可能性があると感じられるものが、きっと見つけられる。

　獅子座の鍵となる言葉は「I create（創造する）」。獅子座の守護星・太陽は自己表現の星。どんな形であれ、獅子座のあなたが表現したもののなかには、特別な何かがある。いまはまだその光がかすかなものだったとしても、いずれ、燦然と輝き、広く世界を照らすようになるだろう。

LEO

2

つまらない
「プライド」こそ
大事にしよう

やらなきゃいけないのに、やる気が出ない。チャレンジする気が起きず、踏み込めない。そういうとき、よく「プライドが邪魔している」「つまらないプライドなんか捨てろ」といわれるけれど、獅子座に、それはあてはまらない。

　獅子座がモチベーションを保てないときは、逆に、無理やりプライドを捨てようとしていないか考えたほうがいい。

　獅子座は本来、周りがどうあれ、自分をつらぬく性格。しかし、それでもいまの時代は、知らず知らずのうちに世間の空気や大きな組織に合わせようとしてしまうことがある。本当はやりたくない、違和感がある、恥ずかしいと思うことを、流されてやろうと考えてしまうことがある。悪くないのに頭を下げて謝ったり、目標のためには仕方ないと、自分が正しいと思うやり方を曲げたり。

　多くの人にとって、それは生きていくために必要なこと。でも獅子座の場合は、プライドを捨てるようなことをやると、目標から、成功から、幸せから遠ざかってしまう。

　獅子座にとっては、「プライド」や「誇り」こそが、満たされて生きていくための生命線なのだ。

　もちろんそれが見栄や世間体ではなく、本当に大事なプライドなのかは見極める必要がある。でも、人から見て「つまらないプライド」であっても、自分にとって重要なら捨てる必要はない。損することになっても、いまの地位を捨てるようなことになっても、自分が胸を張れる方向に向かって進んだほうがいい。

　最初は軋轢があるかもしれないし、わがままといわれることもあるだろう。でもプライドを持ち続け、つらぬけば、最終的にみんながあなたを支持するようになる。それどころか、リスペクトしついてきてくれる人もたくさん出てくるだろう。

LEO

3

自分に
「スポットライト」を
当てる

獅子座のモチーフになっているのは、英雄・ヘラクレスがネメアの森に住むライオンを退治した神話。ヘラクレスは退治したライオンの皮を身にまとい、誇らしげにその戦果をアピールした。

　獅子座にもヘラクレスのように、自分の冒険を知ってほしいという願望がある。自分のドラマを見てくれる観客を求めている。

　注目されている場所に行けば行くほど力を発揮できる。実現不可能な目標でも、人に見られると力が湧き出て、達成できる。獅子座にはそんな傾向がある。

　だから、何かに取り組むときはひとりでコツコツやるのでなく、人の目に触れることを選んだほうがいい。いわば、自分に「スポットライト」を当てる機会を増やすのだ。

　ミュージシャン志望なら、自宅にこもって曲づくりをするだけでなく、路上で演奏してみる。文章を書きたいなら、賞に応募する。バレエやダンスを習っていたら、発表会に出てみる。スポーツをやっていたら、大会に積極的に出場する。料理が好きなら、自分で食べるだけでなく、パーティをしてみんなに振る舞う。SNSで発表してもいい。

　会社の仕事でも同じ。なるべく人とかかわる仕事を選んで、積極的に自分を周囲にアピールしていこう。プレゼンする役割を積極的に引き受け、会議でもたくさん発言しよう。顧客に説明するような役割もどんどん買って出よう。

　目立ちたい、認められたい欲望が自分のなかにあることを、恥ずかしがる必要はない。むしろ、あなたにとってそれは宝物だ。

　ヘラクレスが獅子の皮をまとって誇ったように、子どもが親に褒められたいという承認欲求を満たしながら成長してゆくように、認められたいという気持ちがあなたのレベルを上げてゆく。

LEO

4

子どもの頃に戻って
「失った自信」を
取り戻す

「獅子座が王様の星」なんて、信じられない。「あなたは特別な存在」といわれても、実感がない。自分はなんの取り柄もないし、どちらかというと、ダメな人間な気がする――。

　もしあなたがそう感じているとしたら、それは人生のどこかに、本来の自分を置き忘れてきたからだ。過去に壁にぶつかって挫折したり、誰かに「こういうところがダメ」とマイナスの呪いをかけられ、自信を失っているからだ。

　その呪いを解き、失われた自信を取り戻すことさえできれば、あなたは本来の獅子座らしい堂々とした姿に戻ることができる。本当に「特別な存在」になれる。

　でも、自信を取り戻すためにはどうすればいいんだろう。

　鍵は、世界がキラキラ輝いて、目の前のものがすべて自分のものだと思えた子どもの頃にある。その時代を振り返って、褒められた記憶、全面的に肯定された記憶を呼び起こしてみよう。

　いまの仕事や生活に直接役立つことじゃなくてもいい。「絵が上手だね」といわれた、「〇〇さんがいるだけで楽しい」と友だちがいってくれた、あるいは修学旅行で「荷物の整理が早くて綺麗」と褒められた、ポケモンのキャラクターを全部覚えていて「すごい」といわれた……なんでもいい。

　どんな些細なことに思えても、そこには必ず、あなただけの特別な何かを思い出すヒントが隠れている。自分は自分のままでいいんだと、確信を導き出す記憶が潜んでいる。

　自分を全面的に肯定する体験を思い出し、その感覚を取り戻しさえすれば、もう大丈夫。何をやっても自信が持てるようになるし、魅力的なあなたでいられる。みんなを惹きつける太陽のような力をよみがえらせることができるはずだ。

5

他人と
「比べる」
「競争する」
ことをやめる

「自分自身」の象徴である太陽を守護星に持つ獅子座は、「自分らしさ」ということに関して、他のどの星座よりも敏感だ。自分はこの世にたったひとりの、替えの効かない存在でありたい、どんなパターンにも収まりたくないという思いがある。

　しかし一方で、獅子座は負けん気が強いあまり、自分と他の人を比べ、競争したがる傾向がある。

　誰かが自分よりいい成績を残した。自分より有名な会社に就職した。同僚が自分より先に出世した。友人がSNSで自分より「いいね」を集めている。そんなことを知ると、いても立ってもいられなくなり、自分のやりたいことじゃないのに必死になって勝とうとしてしまう。負けると悔しくて、嫉妬心にとらわれてしまう。

　でも、これは負けん気や承認欲求が空回りしているだけで、本当の獅子座の姿ではない。

　何度もいうけれど、獅子座は、他の誰とも比べる必要のない特別な存在だ。なのに、わずかな差でマウントを取りあうようなつまらない比較ゲームに参加したら、せっかくのスペシャル感が失われてしまう。あなたという特別な存在が、他人と同じ土俵に立つことで、卑近なものになってしまう。

　自分らしさで勝負すれば、すごい発想や大きな成果を生み出せるのに、目先の競争や基準にとらわれて、発想を狭めてしまう。本当の夢ややりたいことが見えなくなってしまう。

　だから、会社のポジション、収入、学歴など、つまらないことで人と比べてしまいそうになったら、自分こそが特別だってことを思い出そう。身近な誰かとどっちが優れているかを競うようなレベルにいちゃいけない。あなたは、たったひとりでもっと高く遠くに羽ばたくことができるのだから。

LEO

PERSON
獅子座の偉人

1

「I create」で
道を開く

ジェームズ・キャメロン
James Cameron

1954 年 8 月 16 日生まれ
映画監督

カナダで生まれ、大学卒業後は「B 級映画の帝王」と呼ばれるロジャー・コーマンのスタジオで下積み時代を送る。美術監督などを経て、81 年『殺人魚フライングキラー』で映画監督兼脚本家としてデビューした。その後は、『ターミネーター』、『ランボー 怒りの脱出』(脚本)、『エイリアン 2』『タイタニック』『アバター』など、歴史的な興行収入を生み出した作品を手掛け続けている。映画制作のかたわら、深海探検家としても活躍している。

参考 「映画 .com」
https://eiga.com/person/35636/

LEO

PERSON
獅子座の偉人
2

やりたいことを
実現するために生きる

ヘンリー・フォード
Henry Ford

1863 年 7 月 30 日生まれ
実業家

アメリカ生まれ。高校を中退後、蒸気機関の修理工などを経て、エジソンが創業したエジソン電気照明会社（後の GE）に勤務。パーティでエジソンに出会い、自作のエンジンの図面を披露すると、絶賛されたという。

その後 1903 年に独立し、フォード・モーターを設立。ベルトコンベアを採用した大量生産方式で低価格化を実現させ、富裕層のものだった自動車を庶民に普及させた。

参考　「GAZOO」
https://gazoo.com/feature/gazoo-museum/car-history/15/09/11_1/

LEO

CHAPTER 2

自分らしく輝くために

【仕事／役割／長所】

あなたに備えられた才能はなんだろうか？
あなたが最も力を発揮できるのはどんな場所？
あなたが世界に対して果たす役割は何か？
獅子座のあなたが、最も輝くために。

LEO

6

自分を
「表現」できる
仕事に就こう

ホロスコープの5番目に位置する獅子座を表すキーワードは、「I create」。何かを創造すること、創作を通して自分を表現すること。それが獅子座にとっての人生の大きなテーマだ。自分を表現できているかどうかで、獅子座の人生は大きく変わる。

　それはもちろん仕事にもいえる。クリエイティビティを発揮し、自分を表現できる仕事に就けば、獅子座は必ず成功する。

　そういう意味では、アーティストやエンターテイナー、作家のような仕事はぴったりだ。もしあなたがすでにそういう活動をしているなら、たとえメインの収入源にならなくても、やり続けたほうがいい。

　でも、獅子座はそういう直接的にクリエイティブな仕事でなくても自分を表現することができる。

　たとえばマーケティングの仕事なら、あなたのアイデアは大きな武器になるし、営業や接客でも他の人にはないオリジナルな魅力で多くの人を惹きつけることができるだろう。経理や事務のような仕事でも、書類のデザインや見せ方でみんなを楽しませたり、斬新なシステムを考えたりもできるはずだ。

　とにかく大切なのは、どんな仕事をしていても、自分らしさを表現し続けること。クリエイティブであり続けること。

　だから、会社選びでもそのことを意識したほうがいい。どんなに大きな有名企業でも、個人よりも組織やシステム優先の会社では、あなたの力は発揮できない。むしろ、いろんなことに挑戦できる発展途上の会社で、創造性を発揮し、新しい可能性と変革をもたらすほうがいい。

　何をやれば、自分の個性が際立つか、どこに行けば自分を表現できるか。まずはそのことだけを考えてみよう。

LEO

7

小さくてもいいから
「ステージ」に
立ち続ける

獅子座は、人から見られ、注目されることで成長していく星座。自分を鍛えるためにも、これからは「ステージ」に立つ機会を増やすことを心がけてほしい。

　いきなり大観衆の前に立て、といっているわけじゃない。多くのミュージシャンや役者、芸人がそうであるように、最初は、小さなライブハウスや路上からはじめればいい。お店の片隅で個展を開いたり、フォロワーの少ないSNSで発信するだけでもいい。

　とにかくふたりでも3人でもいいから、人の視線を意識して自分を表現する機会をつくれば、あなたは確実に成長できる。

　会社員や主婦・主夫、裏方の仕事でも同じ。機会は必ず巡ってくるから、それを逃さずステージに立ってみよう。

　たとえば、会議や打ち合わせがあれば積極的に発言する、お客さまにプレゼンや説明をする機会があればその役を積極的に買って出る。書類や資料づくりでも、見る人を楽しませ、惹きつけることを意識して、あなたにしかできない書類や資料をつくる。

　もし就職や転職を考えているなら、自分の存在、表現を見てもらえる機会の多い分野、場所を探してみよう。

　もちろんステージに立てば、賞賛だけでなく、ときにはブーイングを浴びることもあるかもしれない。でも、臆さず人前に出て発信していくことを続けていれば、あなたのクオリティはどんどん上がっていく。必ずあなたの才能に気づく人が出てきて、いままでになかった高い評価を得られるようになる。

　そうしたら次は、もうすこし大きな場所、もうすこし多くの人の前に立つ機会を得ることができるだろう。さらにその次は、もっと⋯⋯。気がつけば、あなたは想像もしなかった大きなステージに立てるようになる。それだけの自信と力も身につけているはずだ。

LEO

8

自分で動くより
「判断力」のある
リーダーになる

「動け」「挑戦しろ」「変化しろ」「情報を集めろ」、ビジネス書には、こんな言葉がよく書かれているけれど、獅子座のあなたはそんなことは考えなくていい。焦って動き回る必要なんてない。

　獅子座の守護星は、ぐるぐる回る星たちの中心にいて、強い光を放っている太陽。あなたも太陽のようにどっしりかまえていれば、周りが勝手に動いてくれる。必要な情報を届けてくれる。あなたはその動きを観察し、話に耳を傾けて、ここぞというときに決断すればいい。

　獅子座はひとり我が道をゆく強さだけでなく、集団を導く「リーダー」の資質を持っているのだ。

　ただし、リーダーは的確なタイミングで的確な判断をすることが求められる。やるべきか、やめるべきか。どちらの方向に進めばいいのか。何を優先すべきなのか。それを決めて結果を出すのが最大の仕事。

　そのために、日頃から判断力を鍛えておこう。積極的にリーダー役を引き受けていくのはもちろん、自分がその立場になくても組織の意思決定のプロセスを観察しながら、つねに「自分だったらどう判断するか」を頭のなかでシミュレーションしておこう。

　もうひとつ、リーダーになるためには、「人に任せる」ことも重要だ。獅子座は自分でなんでもやろうとするところがあるけれど、他の人に役割を与えて、やらせることで、人を育てていこう。

　そしていつか、自分でプロジェクトを立ち上げ、起業して、実際に「リーダー」ができる環境にチャレンジしてみよう。

　ひとりで我が道を行くのもいいけれど、リーダーとしてチームや会社を率いたら、あなたの可能性はもっともっと広がっていくはずだ。

LEO

9

仕事を
「お祭り」にして、
テンションを
上げていく

「お祭り」を見ると、テンションが上がって参加せずにはいられない。日常生活でも、何かにつけてイベントを企画し、盛り上がろうとする。あなたにはそんなところがないだろうか。

獅子座にとって、「お祭り」は生きるモチベーションを上げる重要なファクター。だったら、退屈な勉強や仕事にも「お祭り」「遊び」の要素を取り入れ、やる気を出したらどうだろう。

たとえばプレゼンや営業で、ただ企画を通す、契約を取ることを目的にするのでなく、みんなを笑わせたり、驚かせる仕掛けを考えてみたりする。企画書に気のきいたイラストやおもしろネタを仕込んだり、商品のおすすめポップに趣向を凝らしたり、一風変わったセールを企画してみたり。まるで文化祭の準備でもするみたいに仕事をしていくのだ。

苦しい締め切りやノルマだって、イベントにしてしまえばいい。目標を達成したらみんなで盛大なパーティを開き、目標に到達しなくても残念会を開いて、盛り上がる。

単調に思える仕事も、お祭り的発想を持てば、一変する。カフェのラテアートでお客さんをよろこばせるバリスタ、雨上がりにキャラクターの絵を描くテーマパークの清掃スタッフ、ダンスパフォーマンスのように交通誘導する警備員……。そんなふうに遊びやイベントの要素を取り入れていけば、モチベーションが上がって、アイデアもどんどん湧いてくるだろう。

しかも、獅子座は「楽しいこと」を見つけ出すのが上手だから、人を惹きつけることができる。あなたがつくり出した「お祭り」はきっと多くの人を巻き込み、大きな盛り上がりを見せるだろう。ビジネスとしても、大きな成果を上げ、高い評価を得ることになるはずだ。

LEO

10

「オリジナリティ」と
「ポピュラリティ」を
両立させる

通常、「オリジナリティ＝独創性」と「ポピュラリティ＝大衆性」は相反するものとされている。何かをつくろうとするとき、誰にもわかってもらえなくてもいいから、自分にしかできない唯一無二を追求するか。多くの人に受け入れられるよう、自分らしさを捨ててニーズや時代の流行に合わせていくか。二者択一でどちらかしか選べないと考えている人が多い。

　でも、獅子座はオリジナリティとポピュラリティの両方を追い求め、両立させることを目指すべきだ。自分らしさを曲げるのでなく、みんなに理解されることをあきらめるのでもなく、自分らしさをより多くの人に伝えていく。

　でも、その両立ためには技術やスキルが必要になる。

　獅子座にはもともと、唯一無二のオリジナリティがあるから、あとはそれをみんなが理解しやすいように、どうブラッシュアップし、演出するかが重要だ。

　自分の表現したい根本は変える必要はないから、よりリアリティを持たせるディテールづくりや効果的な見せ方、メディアの使い方を工夫し、学んでいく。

　それは会社員でも同じ。あなたが考えた独創的な商品や企画、斬新な営業方針が、みんなの賛同を得ることができるよう、プレゼンを工夫する。核になるアイデアはそのまま、売るための要素を付け加えていく。

　実は現実の社会でも、大ヒットしているもののほとんどは、誰にも真似できないオリジナリティと、同時に多くの人に支持されるポピュラリティの両方を持っている。

　獅子座はそれを実現できる力を持った数少ない星座なのだ。そのことを忘れないで、挑戦し続けてほしい。

LEO

PERSON
獅子座の偉人

3

最先端でありながら
多くの人を魅了した

アンディ・ウォーホル
Andy Warhol

1928 年 8 月 6 日生まれ
画家・版画家

ポップアートの代表的画家。アメリカで生まれ、元は商業デザイナーであったが、30 代からアーティストとして本格的に活動を開始。当初はアクリル絵の具を使って描いていたが、版画で使われていたシルクスクリーンを用い、独自の世界観を生み出す。代表作であるマリリン・モンローの肖像画やコカ・コーラなどのイラストなどを手掛け、その画風・作品の数々は世界中に影響を与えた。

参考　「アンディ・ウォーホル・キョウト / ANDY WARHOL KYOTO」
https://www.andywarholkyoto.jp/

LEO

PERSON
獅子座の偉人
4

「子どもたちのために」で
生み出された国民的文学

新美南吉
Nankichi Niimi

1913 年 7 月 30 日生まれ
児童文学者・教員

『ごんぎつね』などを代表作に持つ絵本作家。愛知県に生まれ、4 歳で母が病死。継母との折り合いはよくなく、孤独な幼少期を過ごした。14 歳頃から童謡や童話をつくるようになり、東京外国語大学在学中に『ごん狐』や『手袋を買いに』などを発表。その後は教員などをしながら創作を続けるが、無理がたたり、29 歳で亡くなってしまう。童話集として『おじいさんのランプ』、単行本に『良寛物語　手毬と鉢の子』を残した。

参考　「新美南吉記念館」
http://www.nankichi.gr.jp/Nankichi/syogai.html

LEO

CHAPTER 3

不安と迷いから
抜け出すために

【決断／選択】

人生は選択の連続だ。
いまのあなたは、過去のあなたの選択の結果であり、
いまのあなたの選択が、未来のあなたをつくる。
獅子座のあなたは、何を選ぶのか。
どう決断するのか。

LEO

11

「これが自分だ！」と
思えるほうを選ぶ

獅子座は本来、迷わない星座だ。火の星座で決断力もあり、不動宮だからいったん決めると、ブレることもない。

　そんな獅子座が迷っているときは、獅子座ならではの理由がある。それは、獅子座の生来（せいらい）の負けん気、承認欲求の強さが悪いほうに出て、世間体や見栄、周囲の評価に惑わされるパターン。

　でも、あなたを惑わしているものは、実はノイズでしかない。

　獅子座の最大の基準は「自分」。本当はやりたいことがあるのに、有名で業績がいいからという理由で就職先を選んで、あなたは輝けるだろうか。偏差値が高く就職率の高い大学だからといって、自分のやりたい勉強ができなかったら意味がない。

　だから、あなたが迷っているときは世間的な評価、外的な要因を全部棚上げして、改めて「自分」だけを突き詰めてみよう。そこにいて自分らしいと思えるか。その選択は、自分の求めているものなのか、で判断してみよう。

　たとえ時代に合っていなくても、みんなから「あり得ない」と反対されバカにされたとしても、あなた自身が「これが自分だ」「自分らしい」と思える選択をしたほうがいい。

　情報が多く、時代の変化が早いうえ、同調圧力の強い現在の社会にあって、「自分らしさ」をつらぬくことは難しい。

　でも、あなたの「自分らしさ」にはその価値がある。揺るぎない「自分」を持っているというのが、獅子座のアイデンティティ。「これが自分だ！」、心からそう思えるものを選びさえすれば、あなたはその道を堂々と胸を張ってまっすぐ進んでいける。自分自身をさらに確かなものにしていける。

　やがて、何を選んでもその選択を「自分らしさ」に染めてゆける強さを持つことができるようになるだろう。

12

「リスク」を
自分に突きつければ、
逆に勇気が湧いてくる

大きな決断をしようとしたとき、そこには、当然、「リスク」がつきまとう。多くの人は、リスクを突きつけられると、「そこまでのリスクは取れない」と怖くて逃げ出す。

　でも、獅子座は逆だ。リスクを確認したうえで「覚悟はあるか」と問いかけられると、むしろやる気や勇気が湧いてくる。

　なぜなら獅子座は、もともと「覚悟」を持って生まれてきているから。失敗するかもしれない。いまあるポジションを失うかもしれない。でも、獅子座のなかには何があっても後悔しない、自分の選択の責任を引き受けていく強さがある。

　普段はその覚悟は心の奥にしまわれていて、自分でも気づいていないかもしれない。

　でも、リスクを突きつけられたときに、何があってもやりたいことはやろうという覚悟が自分のなかにあると気づく。

　たとえば、会社を辞めて独立することを考えているとしたら。「収入が減るかもしれない」「軌道に乗るまで時間がかかるかもしれない」「将来の保証がなくなる」などリスクや不安を挙げてみる。留学するかどうか考えているとしたら、「ゼロから人間関係を築かなくてはいけない」「言葉や文化の違いに悩むかもしれない」などのリスクや不安を挙げてみる。

　どれだけリスクを挙げても、「それでもやってみたい」という気持ちが湧いてくるのではないか。

　逆にいえば、「それでもやりたい」という覚悟があると感じられることだけをやればいい。

　大切なのは、リスクに蓋をせずに、真正面から問い返してみること。そうすれば、心の奥底に眠っていた覚悟が目覚め、あなたを導いてくれるだろう。

LEO

13

できないことは
堂々と
「できない」と言おう

獅子座は、他人に弱みやカッコ悪いところを見せたくないという思いが強い。「できる人」「しっかりしてる」という周囲からの期待に応えようとして、できないことも「できる」とつい言ってしまう。

　それがあなたを成長させる原動力でもあるけれど、でも、あまりに自分の能力を超えて「できる」と引き受け続けると、過剰なストレスがかかり、心が病んでしまう。

　また、形だけ、外面だけ取りつくろって自分を大きく見せていると、本当はできない、能力がともなっていないということが明らかになったとき、獅子座自身がより傷つく結果になる。立ち直れないくらい、プライドがボロボロになる。

　だから、「できない」「苦手だ」と思ったとき、弱っているときは勇気を持って「できない」と堂々と言おう。

　獅子座は自信過剰ではないから、けっして自分を過大評価しているわけではなく、本当は自分の弱みをわかっているケースが多い。その弱みや苦手を素直に口にすればいい。

　あなたは、「できない」ということがカッコ悪いと思っているかもしれないが、そんなことはない。獅子座は、「できない」というセリフを口にしても、カッコ悪くは映らない。

　あなたが堂々と「できない」と言えば、あなたがそういうならしょうがないとみんなが納得するはずだ。頼んだ側が恥ずかしい気持ちになることだってあるかもしれない。

　獅子座は王様。でも、王様だからといってできないことを引き受ける必要はまったくない。王様は、安請け合いなんかしない。

　できないこと、したくないことを、キッパリ断ることで、むしろあなたの価値は高まっていくだろう。

14

判断力を鍛えるため
「広い」世界を知り
「深い」教養を学ぶ

獅子座は王様だ。王様は自分で動かない、「判断」するのが仕事。判断力が、獅子座の価値を決める。

　あなたもそう。決断力はもともとある。あとは、どういうタイミングでどういう判断をするか。的確なタイミングで、正しい方向に判断できるか。的確に正しい判断ができる人が名君と呼ばれ、できない人が暴君と呼ばれる。

　では、判断力をつけるためにどうするか。

　欧米のエリート層は「ギャップイヤー」といって、社会に出る前の若者を、留学させたり、世界を回らせたりして、見聞を広めさせる。格調高い芸術文化に触れる一方で、庶民的な環境に身を置いたりボランティア活動をしたりする。

　あなたも判断力を身につけるために、できるだけ広い世界を知っておくといい。世界や日本のいろんな場所に出かけ、高級なものから庶民的なものまで、すべて経験するのだ。

　たとえば食事をするときも、超高級レストランから場末のバー、世界各地の料理や郷土料理まで、いろんなお店、料理を体験しておく。そうすれば、流行りの店に行くだけの他の人たちと違う、本当の意味で TPO に合ったワンランク高い店選びができるようになる。

　広さだけでなく、深さも重要だ。資格とかスキルとかその場限りの情報じゃなく、思考の土台になるような歴史や芸術、自分の生きる意味を掘り下げる哲学など、教養を身につけていく。

　一見、いまやっていることと関係がなくても、そうした深い教養があれば、仕事や表現活動で判断の質が必ず変わってくる。

　直感力が高まり、データや判断材料が十分にそろっていない段階でも、的確な判断ができるようになるだろう。

LEO

15

「アドバイス嫌い」の
あなたの
アドバイス活用法

人から口出しされたり、決めつけられたりするのが大嫌い。他人にアイデアを出されると、ヘソを曲げて違うほうに向かってしまう。あなたにも、思い当たるところはないだろうか。

　自分らしさをつらぬくのは獅子座のいいところ。でも、他人の意見を聞かないのはもったいないし、世界が狭くなってしまう。

　じゃあ、アドバイス嫌いのあなたが他人のアドバイスを活用するためにはどうすればいい？

　おすすめなのは、人からアドバイスを受けたとき、いったん自分の言葉に翻訳してみるという方法。たとえば「○○の作品を参考にしたら」といわれたら、誰かの真似なんてしたくないと反発してしまう。でも、そのアドバイスを「○○よりすごい作品をつくるために○○の作品を研究してみる」と翻訳してみたら、作品をチェックしてみる気持ちが出てくるかもしれない。

　またアドバイスのうち、方針を決めつける意見はスルーし、有益そうな情報だけもらうという方法もある。「△△という本にも書いていたけど、××したほうがいいよ」といわれたら、「××したほうがいい」は無視し、「△△という本」を読むことだけをしてみる。

　あるいは、いわれる前に自分から相手にアプローチし、相談しに行くのもいい。先に人からいわれるとヘソを曲げてしまうあなただけれど、自分から相談を持ちかければ、素直に聞ける。

　こんなふうにいろいろ工夫しながら、なるべく他人の意見やアドバイスを取り入れる習慣をつけていこう。

　覚えておいてほしいのは、他人の意見をどれだけ取り入れたとしても、あなたの「自分らしさ」は損なわれない、ということ。自分らしさを保ちながら、他人の意見やアドバイスを活かすことができれば、あなたはもっと成長できる。

LEO

PERSON
獅子座の偉人
5

不朽の名作で
言葉の壁を超えていった

トーベ・ヤンソン
Tove Jansson

1914 年 8 月 9 日生まれ
作家・クリエイター

『ムーミン』の生みの親。フィンランドの芸術一家で生まれ、フィンランドにいながらスウェーデン語が母語という環境で育った。第 2 次世界大戦後に『ムーミン』を書きはじめ、第 1 作は不発に終わるものの、画業のかたわら書き続け、第 3 作『たのしいムーミン一家』がフィンランドやイギリスで大ヒット。ロンドンの夕刊紙連載にこぎつけ、作家として不動の地位を築いた。画業、デザイン、舞台、映像など、さまざまな分野で活躍を続けた。

参考 「トーベ・ヤンソンについて／ MOOMIN」
https://www.moomin.co.jp/about/tove-jansson

LEO

PERSON
獅子座の偉人
6

型にはまる人生よりも
自分で決めた人生を

柳田国男
Kunio Yanagita

1875 年 7 月 31 日生まれ
民俗学者

日本民俗学の創始者。東大を卒業し、農商務省で働く官僚
であったが、講演や視察で全国を出張したことで、従来描か
れてこなかった「一般庶民」の歴史や文化に興味を持つ。そ
の後、出世コースを蹴って朝日新聞社客員となり、旅をしな
がら民俗学の研究を進めていく。日本各地の民俗信仰をまと
めた『遠野物語』などを発表。その著作は非常に多く、研究
資料としてだけでなく、文学的にも大きな評価を受けている。

参考 「柳田國男について／成城大学」
https://www.seijo.ac.jp/research/folklore/kunio-yanagita/intro/

LEO

CHAPTER 4

壁を乗り越えるために

【試練／ピンチ】

あなたの力が本当に試されるのはいつか？
失敗したとき、壁にぶつかったとき、
落ち込んだとき……。
でも、大丈夫。
あなたは、あなたのやり方で、
ピンチから脱出できる。

LEO

16

焦って動く必要はない、
むしろ
「あえて動くな」

人は困難な壁にぶつかったとき、どうにかして対処しようと考える。自分のいまのやり方が不安になって、新しいことをやらなきゃいけない、何かを変えなきゃいけないと動き回る。

　でも、獅子座の場合はそんなふうに焦る必要はまったくない。

　獅子座にとって重要なのは、自分らしさを保つこと。焦って動けば動くほど、逆に獅子座らしさを失っていく。その場しのぎでやり方を変えて、目の前の壁を乗り越えたとしても、自分らしさを失ってしまったら意味がない。

　だから、動かなくていい。いや、あえて動かないようにしたほうがいい。

　もちろん、動かないままでいるのは勇気が必要。不安になって焦りも出てくるかもしれない。

　それでも平気な顔をして、いままで通り自分が一番やりたいことだけを追求しよう。壁の向こうにある目標を見据えて、堂々と自分のやり方をつらぬいてほしい。

　するとある日、いきなり視界から壁が消えて、目の前の景色が一気に開ける。

　それは、あなたが前より一回りも二回りも大きくなって、簡単に壁をまたげるようになるから。意識が変わって壁だと思っていたものを壁だと思わなくなるから。あるいは、時代状況が変わって障害が本当になくなることもあるし、あなたを支持する人たち、あなたの応援団があなたを押し上げて困難を乗り越えさせてくれることもある。

　ただ、そのためにはやはり、困難に直面しても動じることなく、自分らしさを追求し続けることが不可欠だ。獅子座にとっては、その姿勢こそが、壁を乗り越える最良の方法なのである。

LEO

17

過去の失敗を「リフレーミング」する

獅子座が落ち込んでいるときは、過去の失敗を引きずっていることが多い。つねにカッコよくいたい獅子座は「失敗」が人一倍苦手。プライドの高さゆえ、ダメージがずっと心に残ってしまう。

　もしあなたも「失敗の記憶」にとらわれているなら、「リフレーミング」が有効かもしれない。リフレーミングは、感情を抑えるのでなく、起きたことの「解釈」を変えることで、マイナスの感情をプラスに転化させる認知心理学の手法。これを使って、「失敗した」という解釈そのものを変えてしまうのだ。

　具体的には、「失敗」を「挑戦した成果」や「成功へのプロセス」だと読み換える。そして、何を学んだかを探してみる。この方法ではダメだということがわかった。いまの能力でできる範囲がわかった。次に試すべき方法がわかった。

　その体験から、何を学んだか冷静に分析することで、それは失敗だとは思わなくなる。結果が表面的には失敗したように見えても、チャレンジしたことを評価できるようになり、成果やプラスの部分もあることに気づける。

　獅子座を支えているのは、自信。自分に対する絶対的な信頼感が、獅子座の根幹をなしている。逆に自信をなくしている状態が一番よくない。

　失敗をリフレーミングすれば、一番大切な自信が回復する。自信を取り戻せばモチベーションが高まり、再び能力を発揮できるようになる。チャレンジをする勇気も湧いてくる。

　昔の失敗を引きずっているとするなら、それも引っ張り出して、リフレーミングしてみよう。

　失敗は自分らしさを知り、自分らしさを築いていく過程。そう解釈できるようになれば、あなたはどこまでも成長していける。

LEO

18

他人の情報を
シャットアウトし
「過去の栄光」にひたれ

獅子座は心が弱ると、ついつい周りと比べてしまう。「あの人に負けていないか」「この人よりすごいことができているか」……。そうやって他人と比較することで、ますます自分がわからなくなり、よけい滅入ってしまう。

　だから、自分が弱っているなと思ったときは、他人の情報を一切シャットアウトしてみよう。同僚や同級生、同じジャンルの仕事をしていて自分がライバル視している人や、憧れている人がいま何をしているか。そんな情報を極力シャットアウトしよう。友だちや同僚の会話も耳に入れず、Instagram や Twitter といった SNS も見ない。

　そのかわり、過去に遡ってもいいから、自分が成功したときのこと、褒められたときのことを思い出そう。これまでやった大きな仕事、実績や成果、ネットや周りに褒められた自分の作品、親しい人から受けた賛辞……。最近なければ、子どもの頃でもいい。アルバムを見返しながら、クラスで注目を集めたり、先生に褒められたりしたことを思い出そう。

　獅子座は成功したとき、うまくいっているときは「実績」や「栄光」にしがみつかないほうがいい。でも、弱っているときは別。思い切り「過去の栄光」にひたろう。

　落ち込んで前を見ることができないなら、横を見るのでなく、後ろを振り返るのだ。

　それはけっして気休めではない。あなたに「過去の栄光」があるのは、あなたが特別な存在だからだ。そして「過去の栄光」にこそ、いまの閉塞状況を打開するヒントが隠されている。

　自分にしかできないこと、自分だからできたことが見えてきて、きっとこれから、何をやり続ければいいかが、確認できる。

LEO

19

「壁を乗り越えた」
自分の姿を
想像する

獅子座はいつも心のどこかで、ドラマを求めている。穏やかな毎日よりも、刺激的でドラマティックな出来事のなかにいるほうが“生”を実感できるところがある。

　そんな獅子座にとっては、困難や逆境も、人生を盛り上げる大事なピースとなりうる。

　逆境に直面したときは、自分のなかのドラマを求める気持ちをうまく使ってみよう。いま壁や困難にぶち当たっている状況も、主人公が成功を手に入れるドラマの一場面と考えてみる。

　青春小説やマンガの大事な分かれ目、あるいは冒険ドラマの一番ハラハラドキドキするシーン。そんななかに自分がいると考えれば、テンションが上がって、やる気が湧いてくる。

　もっといいのは、この壁を乗り越えた後の自分を想像すること。自分がほしいハッピーエンドはどんなものかを考え、エンディングに向けて逆算するのだ。この苦境をどう乗り越えたらカッコいいか、自分の伝記にふさわしいストーリーはどんなものか。

　たとえば、いまの仕事のノルマがキツくてしんどいなら、みんなが脱落していくか自分は最後まで耐え抜きノルマ以上の成果を出したというストーリーを考え、そのシーンを想像してみる。あるいは、さっさと辞表を突きつけて辞めて、新しいことに挑戦したという結末にして、その会社をあっという間に抜き去ったシーンをイメージする。

　あなたという主人公にふさわしいストーリーは何か考えてみよう。ストーリーの方向性が決まれば、主人公であるあなたがいま取るべき行動もきっと具体的に見えてくるだろう。

　あなたにとって、人生は長い長いドラマ。主人公はもちろんあなただし、ストーリーを生み出す作家もあなた自身なのだ。

LEO

20

一度「チャラ」にして
「ゼロ」からつくり出す

壁にぶち当たり、どうしてもうまくいかない。そんなとき、あなたは知らず知らずのうちに、他人の決めた枠組みや、他人のつくった土俵の上で、もがいていないだろうか。

　獅子座は、人の決めた枠組みのなかで物事に取り組むのが苦手。

　人が考えた企画や組織のマニュアルをそのままやらされたり、誰かに役割を決められてそれを演じさせられたりすると、モチベーションが湧かないし、うまくいかない。

　自分では一生懸命やっているつもりでも、上辺だけになって、いい結果も出ず、ますますモチベーションが失われてしまう。

　あなたにも思い当たるところがあるなら、思いきって一度、全部「チャラ」にして、「ゼロ」から自分で考えてみよう。

　たとえばあなたがいま、会社員として仕事をしていたとしても、行き詰まっているなら、会社や上司から与えられた戦略や方針をすべて捨ててみたらいい。そして、自分でゼロからマーケット調査をして、どんな商品やサービスがいいか、どんな販売や宣伝の戦略がいいか考えてみる。

　そうすると、あなたにしか思いつかない新しくてオリジナルなアプローチが見出せるかもしれない。

　また、その結果、会社の方針と同じ方針が適切だという判断になったとしても、自分でゼロから考えているから、他人に与えられた仕事ではなくなる。その方針のために自分がどういう役割を果たせばいいか、お客さんにどんな対応をすればいいか、自然と考えられるようになる。

　獅子座は、人のつくった土俵では輝けない。でも、自分でゼロから考えつくり出した場所でなら、どんなに険しく時間がかかったとしても、きっと満足のいく結果を得られるはずだ。

PERSON
獅子座の偉人
7

ゼロからはじめ
歴史をつくった女性

ココ・シャネル
Coco Chanel

1883 年 8 月 19 日生まれ
ファッションデザイナー・実業家

フランス出身。母を亡くしたことで、幼少期を孤児院などで過ごす。その後、歌手を志していたが、当時つきあっていた資産家の軍人エチエンヌ・バルサンの後押しで帽子専門店としてシャネルは開業された。第 1 次世界大戦後には香水「No.5」を発売し、大ヒットとなるが、第 2 次世界大戦前後にビジネスは低迷。苦難の時期を過ごすが、戦後のアメリカで女性たちの大きな支持を受け、一大ブランドへと成長した。

参考 「VOGUE JAPAN」
https://www.vogue.co.jp/tag/coco-chanel

PERSON
獅子座の偉人
8

山奥で育った少年は
都会で一流の職人になった

ルイ・ヴィトン
Louis Vuitton

1821 年 8 月 4 日生まれ
トランク職人・実業家

フランスの山間部で生まれるが、14 歳のときに実家を飛び出し、2 年をかけて徒歩でパリへ移動したという。旅行用の木箱などをつくる製作所で見習いをした（当時、馬車や船などでは荷物の扱いが雑だったため、旅行者は職人に依頼して頑丈なケースをつくってもらっていた）。その後、自身のアトリエを設立し、旅行用カバンの専門店としてルイ・ヴィトンを創設。世界的なブランドへと成長していく。

参考 「LOIS VUITTON」
https://jobs.louisvuitton.com/jp/la-maison

LEO

CHAPTER 5

出会い、
つながるために

【人間関係／恋愛】

あなたが愛すべき人はどんな人か？
あなたのことをわかってくれるのは誰？
あなたがあなたらしくいられる人、
あなたを成長させてくれる人。
彼らとより心地いい関係を結ぶには？

LEO

21

特別な相手と
「特別な恋」を
するために

獅子座は、自分自身が特別というだけじゃない。あなたが誰かを愛すれば、その人もまた「特別」な存在になる。

　それは、あなたが相手に特別な力を分け与えるからでなく、あなたが相手の「個性」を引き出すからだ。

　獅子座は「自分らしさ」をつらぬく星座だけれど、あなたが放つ「個の力」は、他の人を支配し服従させる類のものではない。多様な「個性」を肯定するポジティブなエネルギーに満ちている。

　あなたの「個の力」に触れた人は、逆に、自分らしくしていていいんだ、個性を出してもいいんだと励まされる。その人だけの「自分らしさ」を見つけたい、と思うようになる。

　たとえば、獅子座がリーダーのグループが成功するときは、「グループ第一」「組織のために」と一色でまとまろうとするより、一人ひとりがそれぞれの自分らしさを発揮し、そのことによって集団全体も輝くというケースが多い。それも、獅子座が自分だけでなく、他の人の「個性」や「その人らしさ」を肯定することが、大きなパワーを生むからだ。

　恋愛も同じ。獅子座は「恋する星座」で、恋に溺れることもあるけれど、自分を相手に合わせたり、相手を自分の色に染めようとしたりするとうまくいかない。

　恋をすることで、それぞれの個性＝色がより鮮やかになる。あなたとパートナー、それぞれが唯一無二の「自分らしさ」を出していける恋をしよう。

　獅子座にとって大事なのは「かけがえのなさ」。恋愛でも、自分の恋が他にないものであってほしいはずだ。

　そのためには、ふたりがそろって「特別な存在」になること。そのとき、あなたの恋は本当に「特別な恋」になる。

LEO

22

自分にとっての
「執事」を見つける

あなたにはすべてをさらけ出せる人がいるだろうか。

獅子座はいつも毅然としているように見えるし、あらゆる責任を涼しい顔で引き受ける。でも、本当はあなただって、不安になることがある。些細なことで迷ってしまうこともある。それなのに、プライドがあるから、弱いところやカッコ悪いところを人に見せられない。責任感があるから逃げ出すこともできない。

あなたが、もっと生きやすくなるためには、そういう弱さをさらけ出せる相手がいたほうがいい。ひとりでいいから、他の人に見せないカッコ悪い姿を見せられる人をつくろう。

王様や貴族には必ず、他の人に立ち入らせないプライベートを取り仕切る「執事」がいた。執事の役割はたんに身の回りを世話するだけじゃない。王様がリスペクトを集められるよう、衣装を選び、言動をチェックする。不安や弱音の聞き役になったり、王様が間違ったときは苦言を呈して、諫めることもある。

あなたも、そんな存在を見つけよう。自分をもっと魅力的に見せるために、どんな化粧、どんな服がいいかをこっそり相談できる人。人前で話す予定があったら、一緒にスピーチを考えてくれる人。しんどいとき、不安を感じているとき、愚痴を聞いてくれて、励ましてくれる人。

たったひとりでいい。弱いあなたを見せられる人がいれば、あなたはもっと強くなれる。カッコ悪いところを見せられれば、みんなの前でもっとカッコよくなれる。卑近なところを見せられれば、もっと誇り高くいられる。しかも、その人はあなたが間違った道に進もうとしたら、きっと止めてくれる。

もし、「執事」の役割をしてくれる人に出会えたら、あなたの人生はきっと何倍も輝きを増すだろう。

LEO

23

「ドラマ」と
「スリル」の
違いを見極める

人生をドラマととらえている獅子座。とりわけ恋愛については、ドラマティックであることを強く求めている。

　ココ・シャネルやマドンナなど、獅子座には「恋多き」と形容される人が多いし、実際に危険な恋に身を投じる人も少なくない。もしかしたら、あなたも周りから「もっと地に足のついた恋を」などと忠告されることがあるかもしれない。いまの時代、恋愛でも穏やかさや安定を重視する風潮が強いからなおさらだ。

　でも、獅子座はそんな周囲の声や時代の空気なんて気にする必要はない。自分の心の動きに忠実に、ドラマを追いかければいい。何か困難や障害があって、みんなに反対されたとしても、自分の胸の高鳴りや心のドキドキのほうを信じるべきだ。

　獅子座は想いをつらぬく力があるし、もし結果的にうまくいかなかったとしても、恋に向かっていくエネルギーは獅子座の人生に彩りと活力を与えてくれる。

　ただ、気をつけたいのは「ドラマ」と「スリル」を勘違いしないこと。「ドラマ」はあなたを輝かせるけれど、「スリル」は、あなたを疲弊させ、傷つける結果で終わることが多い。

　見極めるポイントは、相手のことを考えるだけでドキドキできるかどうか。危険なシチュエーションや関係性に盛り上がっている要素があるなら、それは要注意。ただ「スリル」を求めているだけかもしれない。

　でも、その人と一緒にいるだけで、「ドラマ」「運命」だと感じられる——そういう恋なら、どんな困難や障害があっても、突き進んでいっていい。

　ドラマティックな恋をすることで、獅子座は、ますます魅力的になっていくのだから。

LEO

24

他者への「想像力」を
やしなうエクササイズ

つねに自分らしさを意識し、自分を表現することが目標。獅子座ほど、自分が "人生の主人公" だと自覚している星座はいない。でも、その結果、あなたは他人に鈍感になってしまうことがある。

　たとえば、みんなも自分と同じ思いだと勝手に思い込み、違うことに気づいたとたん「裏切られた」と腹を立てたり。無意識のうちに他人を "モブ" 扱いしてしまったり。仲がよくて、自分のことはすごくよく話しているのに、実は相手のことはほとんど知らない、ということもあるかもしれない。

　でも、これはあくまで自分に意識が集中するがゆえ起きることで、相手に対して悪意があるわけではない。むしろ本来の獅子座は、相手を活かし、個性を輝かせる能力がある。それなのに、他者を軽んじる暴君のように映ってしまってはもったいない。

　だから、たまには客観的になって、他者への想像力を働かせ、自分と他者の関係を見直してみよう。

　エクササイズとして有効なのは、相手が主人公の「ストーリー」を考えてみること。

　獅子座は相手の気持ちを 慮 (おもんぱか) ったり、相手の立場に立ったりするのは苦手かもしれないけれど、「ストーリー」を考えるのなら、創造性があるからできるはず。目に前にいる相手がどんな人と出会い、どんな経験をしてきたのか。その人生の物語を想像してみるのだ。

　きっと、一人ひとりに違う個性や異なった想いがあることが理解できて、他人に目を配れるようになる。

「自分らしさ」を最優先にする獅子座でも、本当に大切だと思える相手が現れたとき、その人と大切な関係を築きたいときは、他者への「想像力」が不可欠になる。そのときのためにもぜひ、エクササイズに取り組んでみてほしい。

LEO

25

これから
あなたが「愛すべき」人
あなたを「愛してくれる」人

あなたの「強さ」と「弱さ」、両方を理解してくれる人

　獅子座を好きな人は強さや華やかさに魅かれている場合がほとんど。でも、なかにはあなたが弱さや孤独感を抱えていることに気づいてくれる人がいる。あなたの強さや華やかさをリスペクトしながら、弱さを受け入れ、孤独感を癒してくれる。そういう人を見つけられれば、あなたの人生はもっと豊かなものになる。

あなたの「世界観」を壊さずに広げてくれる人

　獅子座には信奉者やファンがたくさんいる。でもあなたの「世界観」をただ賛美するだけでなく、もっと広げてくれる人がいるとすごくいい。ただしそれは、あなたを過剰に演出したり、あなたの考えを勝手に解釈したりすることではない。あなたの「世界観」の大事な部分は壊さず、新しい世界へと広げてくれる人を見つけよう。

無理やり「未体験の場所」に連れ出してくれる人

　不動宮の獅子座は、新しいことをしたがらない。自分に自信があるがゆえに外に関心が向かず、世界が狭くなってしまいがち。だから、パートナーには、無理やりあなたを「未体験の場所」に連れ出してくれる人を選ぼう。大好きな人に手を引っ張ってもらえば、あなたも「新しい世界」にチャレンジすることができる。

夫の転勤からはじまった 30代からの新たな夢

ジュリア・チャイルド
Julia Child

1912年8月15日生まれ
料理研究家

「アメリカで最も有名な料理家」と呼ばれる料理研究家。しかしそのデビューは遅く、1948年、官僚であった夫のポールがパリへと転勤したのがきっかけ。フランス料理に魅了されるとル・コルドン・ブルー（料理学校）に入学し、本場のフランス料理のレシピを習得。その技術をアメリカ人が実践しやすいようにアレンジし、テレビ番組に出演すると一躍有名となる。その生涯は映画化もされており、世界でも知られるようになった。

参考　「VOGUE JAPAN」
https://www.vogue.co.jp/lifestyle/article/2020-01-30-julia-child

LEO

PERSON
獅子座の偉人
10

スリラー映画の
伝説的存在

アルフレッド・ヒッチコック
Alfred Hitchcock

1899 年 8 月 13 日生まれ
映画監督

イギリス出身。元は電信会社で働いていたが、字幕デザイナー
として映画業界に入る。撮影所の仕事をしながら 1925 年に
監督デビュー。1940 年の『レベッカ』などで世界的に有名に
なり、スリラー映画の名人としてその名をとどろかせた。
スリラー映画といっても、本格サスペンスの『サイコ』、パニッ
ク映画の『鳥』など、その作風は幅広かった。なお、その作
品の一部では妻のアルマ・レヴィルが脚本を手掛けていた。

参考 「allcinema」
https://www.allcinema.net/person/4361

LEO

CHAPTER 6

自分をもっと
成長させるために

【心がけ／ルール】

自分らしさってなんだろう？
誰もが、もって生まれたものがある。
でも、大人になるうちに、
本来の自分を失ってはいないか。
本来もっているはずの自分を発揮するために、
大切にするべきことは？

LEO

26

「隠れて努力」する
方法を考える

獅子座は、目的のためには努力を惜しまない星座。強い意志のもとに自分で自分を鍛えることができる。

　ただ、その努力を人に見せたくない。水面を優雅に進んでいるように見える白鳥が水の下で必死に足を動かしているように、人にがんばっているところを知られず、涼しい顔でサラッとみんなが驚くことをやってみせたい。

　もしあなたがいま、努力できない、がんばれないと感じているのなら、それは努力自体がイヤなのではなく、努力を人に見せたくないだけかもしれない。汗まみれになり必死に努力している自分をイメージしてしまうと、イヤになってしまう。

　だったら、誰にも知られないで努力して、みんなを驚かせることを考えてみよう。

　英会話を誰にも知られないよう、海外とのオンライン学習でマスターする。ダンス、楽器をひとりで習って、ひとりで練習して、上達させる。こっそりデザインを勉強して、みんなが驚くようなプレゼン資料をつくる。会社の人が知らない交流会に積極的に出かけ、自分だけの人脈をこっそり広げる。

　こんなふうに、みんなの知らないところでスキルアップして、いきなり披露し、みんながあっと驚くところをイメージする。そうすれば、がんばれないと思っていたことにもきっとモチベーションが湧いてくるはずだ。

　隠れて努力をすることは、余裕にもつながる。みんなが知らないところで努力していることが自信になるからだ。

　獅子座には泥臭い努力は必要ない。見えない努力をすればするほど、優雅な白鳥のように、いつでも獅子座らしい白信にあふれたあなたでいられるようになるだろう。

LEO

27

若々しさ、
フレッシュな情熱を
失わないために

獅子座はホロスコープで 12 星座中 5 番目。その位置は子ども
から大人への変わり目、「青春」と対応しているといえるかもしれ
ない。
「青春」は、何かを創造したいという情熱と、誰かを恋する心
に突き動かされる時期。獅子座にとっては、「青春」時代のまま
のエネルギーを持ち続けられるかが成否を決める。瑞々しい情
熱と感性をどこまで保てるかが人生を充実させる鍵になる。
　でも、いつまでも若々しくいるにはどうすればいいんだろう。
　まずは体を意識しよう。単純に思えるかもしれないけれど、肉
体を鍛えて若々しい体を維持すれば、自信を持ち続けられるし、
モチベーション、チャレンジ精神が湧いてくる。
　意識の高いエリート経営者たちに、筋トレやランニングをして
体を鍛えている人が多いのも、それが理由であることが多い。
　体の次は、感性を若々しく保つこと。経験を積み重ねたからこ
そ生まれる創造性もあるが、獅子座を輝かせるのは、フレッシュ
なクリエイティビティや新しい発想だ。
　そのためには、自分より若い人に人気の映画や音楽、アニメや
ゲームなどに積極的に触れていこう。それも、外から冷静に観
察するのではなく、自分自身が心から楽しむことが大切。大人に
なってくるとドキドキすることも次第に減っていくが、獅子座にとっ
ては「ドキドキ」こそ、若々しい情熱やエネルギーの源泉。ド
キドキできるような体験を積極的にしていこう。
　恋愛でもいいし、新しいことに挑戦するのも、年下の友人をつ
くるのもいい。クリエイティビティを刺激し続けるために、何かし
ら創作に取り組み、アウトプットすることも大事。
　瑞々しい情熱、若々しいエネルギーを保ち続ければ、獅子座
は色褪せることなく輝き続けるだろう。

28

自分で自分に
「ナレーション」
をつける

獅子座は退屈が嫌いで、ドラマティックなことが大好き。仕事でも恋愛でも友人関係でもドラマ的な展開があればあるほど、モチベーションが上がる。他人から、自分の人生を「映画みたい」「小説みたい」とかいわれると、すごくうれしくなる。

　だから、ここががんばりどきだと思うとき、誰も知らないところで努力しなければいけないとき、しんどいことをやろうとするときは、自分で自分をドラマに仕立ててしまおう。

　自分を主人公にした映画・ドラマ、あるいは自分に密着したドキュメンタリーのナレーターになって、自分にナレーションをつけてみる。

「このとき、○○（あなたの名前）は苦しんでいた。でもその先に光が……」とか、「怖い、と感じた。でも○○は勇気をふりしぼって立ち向かった」とか。

　ナレーションをつければ、主人公気分が盛り上がり、目の前にあるハードルや障害もあなたのドラマを盛り上げる舞台装置だと感じられる。より前向きな気持ちでチャレンジできる。

　辛いときやがんばりどきだけじゃない。楽しいときも、ナレーションをつけたらもっと楽しくなる。

　さらに効果的なのは、退屈なときだ。ドラマ好き、お祭り好きの獅子座にとって、退屈は天敵。退屈と感じると、やる気もモチベーションも失せてしまう。そんなときこそ、ナレーションを入れれば、それまで見えていなかった小さな楽しみや刺激、新しい景色に気づくことができる。新しいもの、楽しいことを見つけることができれば、モチベーションが湧いてくる。

　大切なのは、自分で自分の物語をつくること。そうすることで、あなたは能力を発揮できるし、人の何倍もがんばれるのだから。

LEO

29

ファンを育て、「エヴァンジェリスト」にする

守護星を太陽に持つ獅子座のあなた。太陽の光のもとに多くの生き物が集まってくるように、あなたの周りには、あなたに憧れている人、あなたを応援してくれている人が必ずいる。

　もしかしたら、あなた自身はその存在に気づいていないかもしれない。多くの獅子座は、周りの人の反応を意識せずに、自分の道を突き進んでいく。でも、せっかく応援してくれている人がいるのに、無視するのはあまりにもったいない。

　あなたのことを好きな人を意識すれば、あなたの世界はもっと豊かなものになる。

　賛同してくれる支持者が見えたら、あなたはもっと自信を持てる。力を貸してくれる味方が増えれば、これまでできなかったことができるようになる。その人たちの気持ちに応えようとすることで、あなたはもっと強くなる。

　だから、あなたのことを好きな人、応援してくれる人たちを大事にして、あなたのファンに育てていこう。

　そのためには、あなたが一方的に発信するだけでなく、ファンにも発信の機会を与えて、その声に耳を傾けることが大切。飲み会やSNSなどファン同士が交流のできる場をつくるのもいい。あなたが目指す世界をみんなでシェアし、一緒になって自分たちの世界をつくり上げてゆくのだ。

　ファン同士がつながることで、それぞれのあなたへの思いはさらに強くなり、あなたの背中を押してくれる力は何十倍にもなる。ファンが発信力を持てば、あなたの魅力をもっともっと広めてくれるエヴァンジェリスト（伝道者）となる。

　あなたの世界、あなたの可能性は、どこまでも広がってゆくだろう。

LEO

30

「王様は裸だ」と
自分で自分に
ツッコミを入れる

獅子座が気をつけたほうがいいのは、過剰な「見栄」にとらわれたり、つまらない「権威主義」におちいったりすること。

　誇り高さやプライドは、獅子座の大きな魅力だけれど、認められたいという承認欲求が悪いほうに出ると、逆にあなたの成長を止めかねない。実体がないのに虚勢を張ったり、過剰に賞賛を求めたり、他人への嫉妬で頭のなかがいっぱいになったり。思考はどんどん硬直化し、最も大切な創造力が発揮できなくなる。

　そうならないためには、自分で自分にツッコミを入れる習慣を持ったほうがいい。

　獅子座のなかには、「王」と同時に、王に向かって「王様は裸だ！」と叫ぶ「子ども」、王を茶化す「道化」が存在している。

　かつての名君たちは、「道化」を宮廷に自由に出入りさせ、曇りのない「子ども」の目で王をからかうことを許していた。自分を「笑い飛ばしてくれる」存在を持つことで、自らの権威の硬直化を防ぎ、新しい風を取り入れようとしていたのだ。

　だから、あなたも過剰な見栄やつまらない権威主義に支配されそうになったら、自分のなかにある「子ども」や「道化」を引っ張り出して、自分にツッコミを入れさせよう。

　たとえば、他人に対して意味もなく高圧的になっていたり、他人に嫉妬していたりしたら、そんな自分を笑い飛ばしてみる。「おいおい、お前は何様なんだ？」「見栄を張る前にやることがあるだろう」「嫉妬しちゃって、みっともない」と。

　きっと、硬直した鎧のような自意識が消えて、自由でフレッシュな発想がどんどん湧いてくるはずだ。

　自分で自分に「王様は裸だ」とツッコむことのできる王様。そうなれたら、あなたはきっと無敵だ。

自分の信じる世界を
表現し続ける

谷崎潤一郎
Junichiro Tanizaki

1886 年 7 月 24 日生まれ
小説家

東京都生まれ。東大に入学するも、神経症を患うなど低調だっ
たが、同人第二次『新思潮』を創刊し、『刺青』などを発表。「耽
美派」(「美」を追求し、至上とする芸術のトレンド)の代表と
して作品が評価されていく。『痴人の愛』、『春琴抄』などの傑
作を生み出し、自身唯一の長編である『細雪』を発表すると、
1949 年に文化勲章受章。晩年は麻痺で右手が使えなくなり、
口述筆記をしながら作家活動を続けたという。

参考 「近代日本人の肖像 (国会図書館)」
https://www.ndl.go.jp/portrait/datas/6058/

ハンデの有無で
人生は決まらない

マルガレーテ・シュタイフ
Margarete Steiff

1847 年 7 月 24 日生まれ
経営者・洋裁職人

テディベアの生みの親。ドイツで生まれてまもなく骨髄性小児麻痺を患い、両足・右手が不自由となる。生涯を車椅子で過ごすが、洋裁学校で裁縫の才能を開花させた。姉たちと開業した洋裁店はたちまち繁盛し、1877 年には自身の店（後のシュタイフ社）をオープン。子どもたちのためにとつくったゾウのぬいぐるみが大ヒットし、これをヒントに 1902 年、テディ・ベアが誕生（マルガレーテの甥が考案）。世界中で愛されることになる。

参考 「シュタイフ公式サイト」
https://www.steiff.co.jp/history/

LEO

CHAPTER 7

新しい世界を
生きていくために

【未来／課題／新しい自分】

獅子座は、これからの時代をどう生きていくのか。
変わっていく新しい世界で、
未来のあなたがより輝くために、
より豊かな人生を生きていくために、
獅子座が新しい自分に出会うために、大切なこと。

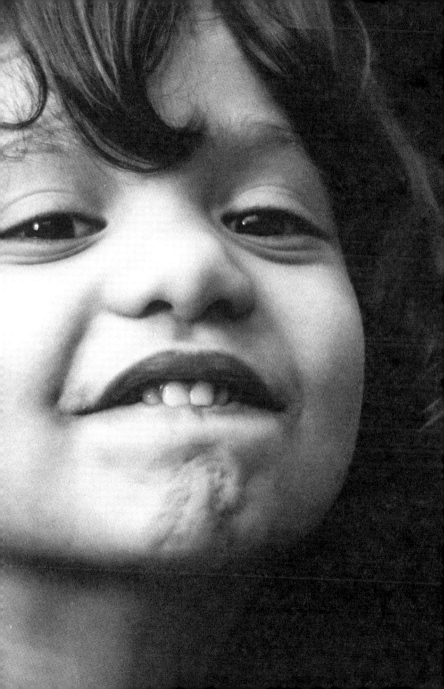

LEO

31

「変わり者」で
あり続けろ。
「遊び心」を
持ち続けろ

獅子座のあなたにとって、もしかするといまは「生きづらい」と感じる時代なのかもしれない。

　自分だけの価値観、他の人と違う創造性を持っているがゆえに、「変わっている」「個性的」といわれることの多い獅子座。けれど、現実の社会は逆で、とにかく空気を読んで、「みんなと同じ」ように振る舞うことが要求される。

　仕事に対する姿勢もそう。獅子座は仕事を「遊び」のように楽しむことでモチベーションを上げ、新しいアイデアを生み出すタイプなのに、周りを見渡すとシステムとルールでがんじがらめ。「遊ぶ」余裕なんてどんどんなくなっている。

　でも、時代がどうなってもあなただけは「自分のあり方、やり方」をつらぬいてほしい。

　獅子座生まれの芸術家、アンディ・ウォーホルがそうだったように、獅子座は「変わり者」だからこそ、かけがえのない特別な存在になれる。「遊ぶ」ように仕事するからこそ、自由な発想で他の人にはつかめない結果をつかむことができる。

　それは、これからの時代も同じ。いや、同調圧力とシステム、テクノロジーに支配されて、みんなが同じことしかできなくなっていくからこそ、他の人と違う発想をし、「遊び」の要素を見出せる獅子座の価値は高まっていく。

　しかも、獅子座は愛される変わり者だ。「我が道」をつらぬいても排除されることはない。それどころか、人と違う特別なあなたにみんなが憧れ、魅かれていく。

　だから、「変わっている」といわれることを恐れるな。「仕事は遊びじゃない」なんて説教に耳を貸さなくていい。「自分」のなかの「変わり者」を大切に、「遊ぶ」ように人生を送っていこう。

LEO

32

自分らしさを
表現できる
「メディア」を選ぶ

獅子座の人生に不可欠なのが「自己表現」。自分の価値観や気持ち、創作を発信し人に伝えることで、獅子座は輝きを増していく。

　これからの時代、重要になってくるのは、その自己表現のためにどんなメディアを選ぶか。

　世の中には表現のツールが氾濫している。新しい SNS や投稿サイト、仮想空間、ネットサービスが次々と登場し、そこから新しいカルチャーやスターが次々と生まれている。

　多くの人は注目の SNS、最先端のサービスに飛びつき、一方で、人気のなくなったメディアはあっという間に古くなり、見向きもされなくなる。

　でも、獅子座はそんなメディアの流行なんて気にしなくていい。拡散力の強さも考慮に入れる必要はない。

　獅子座がこだわるべきなのは、自分らしさを表現できるツールかどうか。

　たとえば、直感力があって次々アイデアが湧いてくるタイプなら、短い言葉で頻繁に投稿できる SNS。ビジュアルセンスに自信があるなら、写真や映像をメインにしたメディア。そんなふうにあなたのよさがシンプルに伝わるメディアを選ぶことが大切だ。

　もっといえば、無理に SNS を使う必要もない。短い動画投稿サイトが流行っていても、じっくり時間をかけた映像表現をしたいなら、長編映画を撮るべきだし、手触りにこだわりたいなら、紙の本や同人誌をつくったほうがいい。生身の人と触れあいたいなら、路上やライブハウスでパフォーマンスをしよう。

　もともと獅子座には、オリジナルな魅力と創造性がある。それをわかりやすく伝える方法さえ見つけられれば、きっと多くの人の心を動かすことができるだろう。

33

自分がもっと輝くために、
他人と「コラボ」しよう

あなたにとって、これからのもうひとつの課題は、人とどう刺激しあい、連携していくか。

　誰にも頼らず「自分らしさ」をつらぬく強さを持つ獅子座だけれど、誰かと一緒に何かをやれるようになったら、もっと大きく成長することができる。

　何も「会社に属せ」とか「チームをつくれ」といっているわけではない。自分を抑えて集団を優先しなければいけない場所にいたら、獅子座のよさは失われてしまう。

　獅子座に最も適しているのは、「コラボ」というやり方。

　コラボは Collaboration ＝協力の略語だが、固定した組織をつくるわけじゃない。普段は自立して活動している人たちが、あるプロジェクトでだけ一緒に取り組む。自分を曲げることなく、それぞれがやりたいこと、得意なことを持ち寄り、力を貸しあう。

　そのことで、ひとりで取り組んだときの何倍もの成果を得る。他の才能との出会いが刺激になって、自分の新たな才能に気づいたり、新しい人脈やファンを獲得するきっかけにもなる。「コラボ」の経験があなたの可能性を飛躍的に広げてくれるのだ。

　ただ、「コラボ」するとき、心に留めておいてほしいことがある。それは、コラボ相手もあなたと同じ "特別な存在" だとリスペクトすること。まず、あなたから自分の才能を提供すること。出し惜しみせずに、やれる限りの協力をすること。

　そうすれば、相手も必ず同じように、その才能と力をフル回転させて、あなたを助けてくれるだろう。

　コラボの果実は、最後、必ずあなた自身に返ってくる。「他人のために力を使いたくない」なんて思わずに、「自分が輝くため」に、どんどん「コラボ」していこう。

LEO

34

何があっても
「火種」を絶やすな

自分らしさをつらぬき、自分を表現することは獅子座の人生のテーマ。とはいえ、人生を通じてつねに自分らしさを発揮し続けることは難しい。好きな仕事に就けなかったり、自分の信じる表現が評価されなかったり、金銭や家族などなんらかの事情で本当にやりたいことと違う仕事をやらざるを得なかったり。

　でも大切なのは、何があっても自分のなかの「火種」を絶やさないこと、「種火」を燃やし続けること。

　獅子座生まれの作家、チャールズ・ブコウスキーはドキュメンタリー映画『BUKOWSKI：BORN INTO THIS』のなかで、こう語っている。

「小さな火種を残し、その火をけっして絶やすな。火種さえあれば、また大きな炎が燃え上がるときが必ず来る」

　40代までまったく芽が出ず、職を転々としながら小説を書き続けたブコウスキー。「もうやめよう」と思ったとき、自分のなかの声がそう言ったのだという。そして、彼は50歳近くで作家デビューし、死ぬまで、100冊に及ぶ本を出した。

　あなたもやりたいこと、表現したいことがあるなら、お金にならなくても、仕事にできなくても、あきらめずに続けていこう。評価されるのが怖いなら、発表せず個人的に取り組むだけでもいい。時間がなければ、アイデアを練り続けるだけでもいい。

　ただただ愚直に同じことをやり続けているうちに、時代が巡って脚光を浴びることもある。メディアの変化であなたの存在を知らなかった人たちが、あなたのことを知る可能性もある。

　金銭的成功は得られなかったとしても、やり続けることであなたはいつか必ず高い評価を受け、大きな満足を得られる。

　だから、種火を燃やし続けること。火種は消えないと信じること。そうすれば、獅子座の人生はきっと大きく輝くだろう。

35

成功のその先にある
「生きる意味」を探す

目立ちたい、認められたい、評価されたい、成功したい……
獅子座は人生のある時期、そんな思いにかられてがむしゃらに
突き進む。それは悪いことではないし、実際に、多くの人は目標
を達成し、相応のお金や地位を手に入れる。

　でも、本当の獅子座は、そんな表面的な成功だけで満足でき
る星座じゃない。あなたの人生にはもっと重要なテーマがある。

　ヒントをくれるのは「パルシファルの物語」。心理占星術の権
威、リズ・グリーンは、この中世の神話こそが、獅子座の本質を
表しているといった。

　森の奥深くで育てられていた高貴な騎士の末裔・パルシファル
は、アーサー王率いる「円卓の騎士団」に引き立てられ、「聖杯」
を探し出す使命を与えられる。神話に登場する「聖杯」は、心
理学で「自己」の象徴と分析されているが、「パルシファルの物
語」では、聖杯を手に入れるためにこんな問いかけが必要とな
る。

　聖杯は誰のために奉仕をするのか──。

　この言葉が示すように、獅子座は物理的な成功の先にある、
人生の本当の意味を求めている。自分はなんのために生きていく
のか。人生を誇れるものにするために何をすればいいのか。

　もちろん、簡単に答えが出ることではない。でも、それを求め、
問い続けることこそが、獅子座を高貴で特別な存在にしていく。

　だから、あなたにいま、追い求める目標があったら、目標を
達成することの大きな意義を考えてみよう。

　光り輝く場所を求める人生もいいけれど、本当はあなた自身が
何にも頼らず、光り輝くことのできる存在。「成功のその先」に目
をやれば、きっとそのことがわかってくるはずだ。

チャンスは突然。
そのサインを見逃さない

J・K・ローリング

J. K. Rowling

1965 年 7 月 31 日生まれ
作家

『ハリー・ポッター』シリーズを代表作に持つ作家。イギリスで生まれ、エクセター大学を卒業。その後はロンドンの人権団体などで勤務していた。『ハリー・ポッター』は、ロンドンのキングズ・クロス駅に向かう汽車のなかで突然ひらめき、執筆を開始したという。同シリーズは世界累計 5 億部以上、80 言語以上に翻訳され、数々の賞を受賞。舞台制作や新シリーズの執筆などのかたわらで慈善団体を設立し、チャリティー活動も行っている。

参考 「静山社」
https://www.sayzansha.com/ickabog/author/

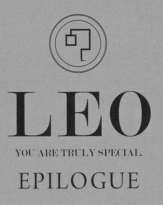

LEO

YOU ARE TRULY SPECIAL.

EPILOGUE

獅子座が後悔なく生きるために

獅子座が一歩を踏み出すために、
やりたいことを見つけるために、
迷いを吹っ切るために、
自分に自信を持つために、
新しい自分に変わるための指針。

地球に一番近い、自分で光る星。
陸や海をあたため、生命をはぐくむ太陽。
その太陽が、あなたの守護星だ。
万物に光と熱をもたらす、
不可欠な存在であること。
そのことを、あなたは自覚するべきだ。

挑戦してみたいこと、会ってみたい人、
行ってみたい場所、手に入れてみたいもの。
それらのすべては、
あなたのために輝く準備ができている。
あとはその輝きを解き放つだけ。

変わり者でもいい。
できが悪くたっていい。
時代と合っていなくてもいい。
ただ、
自分が越えるべき壁に直面したとき、
背を向けてはいけない。
その壁を破ることによって
自分が生きる意味を思い出すのだから。

誰にどう思われようとも、自分は自分。
個性を色濃く出せ。
その個性をみんなが応援するだろう。
その個性をみんなが愛するだろう。

太陽の光は、人を幸せにする。
その幸せを見ることが、太陽にとっての幸せだ。

獅子座のあなたは、
尽きない光で未来を照らし続けるだろう。
その先にどんなものが待ち受けているのか、
想像もつかないから、人生はおもしろい。
さあ、仲間と一緒に冒険の旅へ出よう。

獅子座はこの期間に生まれました。

誕生星座というのは、生まれたときに太陽が入っていた星座のこと。
太陽が獅子座に入っていた以下の期間に生まれた人が獅子座です。
厳密には太陽の動きによって、星座の境界は年によって1〜2日変動しますので、
生まれた年の期間を確認してください。(これ以前は蟹座、これ以後は乙女座です)

生まれた年	期間（日本時間）	生まれた年	期間（日本時間）
1936	07/23 10:17 〜 08/23 17:09	1980	07/23 01:41 〜 08/23 08:39
1937	07/23 16:06 〜 08/23 22:56	1981	07/23 07:39 〜 08/23 14:37
1938	07/23 21:57 〜 08/24 04:44	1982	07/23 13:15 〜 08/23 20:14
1939	07/24 03:36 〜 08/24 10:30	1983	07/23 19:04 〜 08/24 02:06
1940	07/23 09:34 〜 08/23 16:27	1984	07/23 00:58 〜 08/23 07:59
1941	07/23 15:26 〜 08/23 22:15	1985	07/23 06:36 〜 08/23 13:34
1942	07/23 21:07 〜 08/23 03:57	1986	07/23 12:24 〜 08/23 19:24
1943	07/24 03:04 〜 08/24 09:53	1987	07/23 18:06 〜 08/24 01:08
1944	07/23 08:55 〜 08/23 15:45	1988	07/22 23:51 〜 08/23 06:53
1945	07/23 14:45 〜 08/23 21:34	1989	07/23 05:45 〜 08/23 12:45
1946	07/23 20:36 〜 08/24 03:25	1990	07/23 11:21 〜 08/23 18:19
1947	07/24 02:14 〜 08/24 09:07	1991	07/23 17:11 〜 08/24 00:11
1948	07/23 09:07 〜 08/23 16:01	1992	07/22 23:08 〜 08/23 06:09
1949	07/23 14:56 〜 08/23 21:47	1993	07/23 04:50 〜 08/23 11:49
1950	07/23 20:29 〜 08/24 03:22	1994	07/23 10:40 〜 08/23 17:42
1951	07/24 02:20 〜 08/24 09:15	1995	07/23 16:29 〜 08/23 23:33
1952	07/23 07:07 〜 08/23 14:01	1996	07/22 22:18 〜 08/23 05:21
1953	07/23 12:52 〜 08/23 19:44	1997	07/23 04:15 〜 08/23 11:18
1954	07/23 18:44 〜 08/24 01:34	1998	07/23 09:55 〜 08/23 16:57
1955	07/24 00:24 〜 08/24 07:17	1999	07/23 15:44 〜 08/23 22:50
1956	07/23 06:19 〜 08/23 13:13	2000	07/22 21:42 〜 08/23 04:47
1957	07/23 12:14 〜 08/23 19:06	2001	07/23 03:26 〜 08/23 10:26
1958	07/23 17:50 〜 08/24 00:44	2002	07/23 09:14 〜 08/23 16:15
1959	07/23 23:45 〜 08/24 06:42	2003	07/23 15:04 〜 08/23 22:07
1960	07/23 05:37 〜 08/23 12:33	2004	07/22 20:50 〜 08/23 03:52
1961	07/23 11:23 〜 08/23 18:17	2005	07/23 02:40 〜 08/23 09:44
1962	07/23 17:17 〜 08/24 00:11	2006	07/23 08:17 〜 08/23 15:21
1963	07/23 22:59 〜 08/24 05:56	2007	07/23 14:00 〜 08/23 21:06
1964	07/23 04:52 〜 08/23 11:50	2008	07/22 19:54 〜 08/23 03:01
1965	07/23 10:48 〜 08/23 17:41	2009	07/23 01:35 〜 08/23 08:37
1966	07/23 16:23 〜 08/23 23:16	2010	07/23 07:21 〜 08/23 14:25
1967	07/23 22:15 〜 08/24 05:11	2011	07/23 13:11 〜 08/23 20:19
1968	07/23 04:07 〜 08/23 11:01	2012	07/22 19:00 〜 08/23 02:05
1969	07/23 09:48 〜 08/23 16:42	2013	07/23 00:55 〜 08/23 08:00
1970	07/23 15:36 〜 08/23 22:32	2014	07/23 06:41 〜 08/23 13:44
1971	07/23 21:14 〜 08/24 04:14	2015	07/23 12:30 〜 08/23 19:36
1972	07/23 03:02 〜 08/23 10:02	2016	07/22 18:30 〜 08/23 01:37
1973	07/23 08:55 〜 08/23 15:52	2017	07/23 00:15 〜 08/23 07:19
1974	07/23 14:30 〜 08/23 21:27	2018	07/23 06:00 〜 08/23 13:07
1975	07/23 20:21 〜 08/24 03:22	2019	07/23 11:50 〜 08/23 19:01
1976	07/23 02:18 〜 08/23 09:17	2020	07/22 17:36 〜 08/23 00:43
1977	07/23 08:03 〜 08/23 14:59	2021	07/22 23:26 〜 08/23 06:33
1978	07/23 14:00 〜 08/23 20:55	2022	07/23 05:06 〜 08/23 12:15
1979	07/23 19:48 〜 08/24 02:45	2023	07/23 10:50 〜 08/23 18:00

※秒数は切り捨てています

著者プロフィール

鏡リュウジ
Ryuji Kagami

1968 年、京都生まれ。
心理占星術研究家・翻訳家。国際基督教大学卒業、同大学院修士課程修了（比較
文化）。
高校時代より、星占い記事を執筆するなど活躍。心理学的アプローチをまじえた占
星術を日本で紹介することによって、占いマニア以外の人にも幅広くアピールするこ
とに成功。占星術の第一人者としての地位を確たるものとし、一般女性誌の占い特
集では欠くことのできない存在となる。また、大学で教鞭をとるなど、アカデミック
な世界での占星術の紹介にも積極的。
英国占星術協会会員、日本トランスパーソナル学会理事、平安女学院大学客員教授、
京都文教大学客員教授、東京アストロロジー・スクール代表講師などを務める。

君は誰よりも特別

獅子座の君へ贈る言葉

2023 年 4 月 15 日　初版発行

著者　鏡リュウジ

写真　Getty Images
デザイン　井上新八
構成　ホシヨミ文庫
太陽の運行表提供　Astrodienst /astro.com
広報　岩田梨恵子
営業　市川聡／二瓶義基
制作　成田夕子
編集　奥野日奈子／松本幸樹

発行者　鶴巻謙介
発行・発売　サンクチュアリ出版
〒 113-0023　東京都文京区向丘 2-14-9
TEL 03-5834-2507　FAX 03-5834-2508
https://www.sanctuarybooks.jp
info@sanctuarybooks.jp

印刷・製本　中央精版印刷株式会社

本書は、2013 年 6 月に小社より刊行された『獅子座の君へ』の本旨を踏襲し、
生活様式の変化や 200 年に一度の星の動きに合わせて全文リニューアルした
ものです。